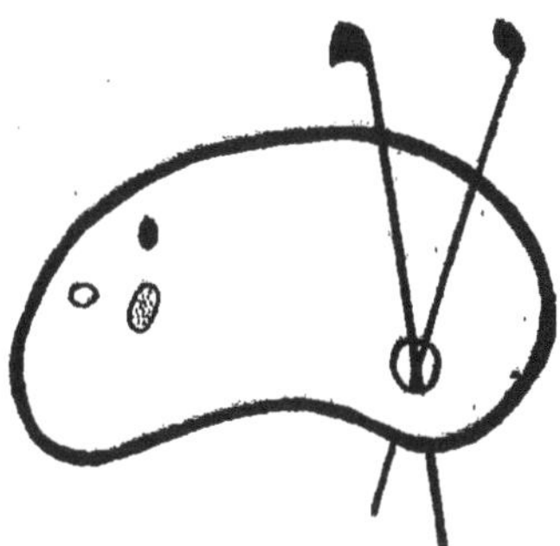

DEBUT D'UNE SERIE DE DOCUMENTS
EN COULEUR

UNION DES ARTS

OFFICE CENTRAL POUR LES VENTES PUBLIQUES

DE

TABLEAUX & OBJETS D'ART

RUE SAINT-GEORGES, Nº 48.

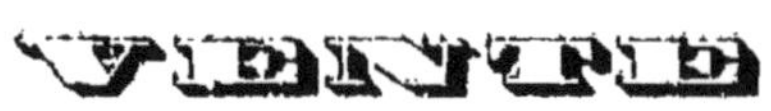

DE

DESSINS ET CROQUIS

PAR M. H. LAZERGES

BUSTE EN MARBRE ET TERRES CUITES

PAR M. V. HUGUENIN

Vente les 12 et 13 Février 1858, à deux heures précises

EXPOSITION LE 11 FÉVRIER 1858.

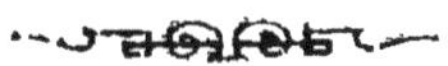

Mº LECOCQ, Commissaire-Priseur.

M. ROUILLARD, Expert de l'Union des Arts.

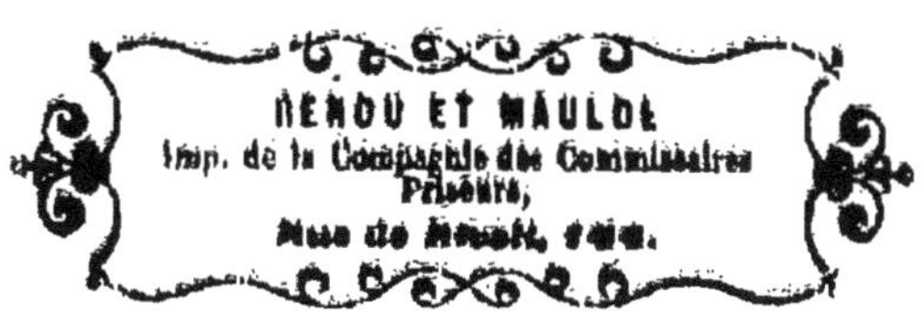
RENOU ET MAULDE
Imp. de la Compagnie des Commissaires
Priseurs,

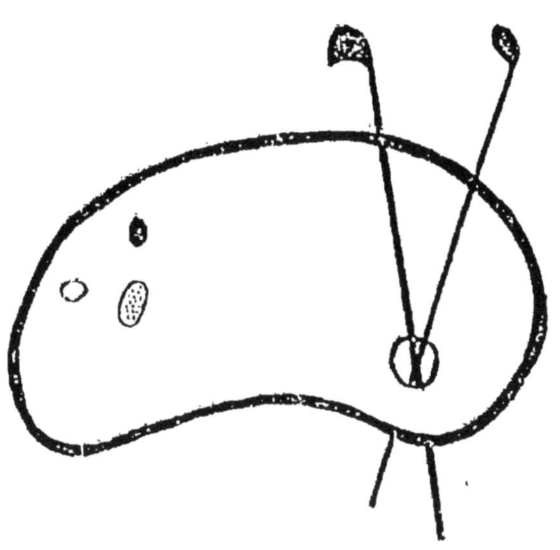

FIN D'UNE SERIE DE DOCUMENTS
EN COULEUR

UNION DES ARTS

OFFICE CENTRAL POUR LES VENTES PUBLIQUES

DE

TABLEAUX & OBJETS D'ART

RUE SAINT-GEORGES, N° 43.

CATALOGUE

DE

DESSINS ET CROQUIS

PAR M. H. LAZERGES,

BUSTE EN MARBRE & TERRES CUITES

PAR M. V. HUGUENIN,

DONT LA VENTE AURA LIEU

HOTEL DES COMMISSAIRES-PRISEURS

RUE DROUOT, N° 5

SALLE N° 3, AU 1er,

Les Vendredi 12 et Samedi 13 Février 1858, à 2 heures précises.

Par le ministère de **Me LECOCQ**, Commissaire-Priseur,
Successeur de M. De Valleuil, rue Richer, 54,
Assisté de M. **CH. ROUILLARD**, Peintre, Expert de l'Union des Arts

---

EXPOSITION PUBLIQUE

Le jeudi 11 Février 1858, de midi à 6 heures.

Le Catalogue se distribue :

A l'Union des Arts, rue Saint-Georges, 43,
Et chez Me Lecocq, Commissaire-Priseur.

1858

CONDITIONS DE LA VENTE.

Elle sera faite au comptant.

Les Acquéreurs paieront, en sus des adjudications, cinq centimes par franc applicables aux frais.

ORDRE DES VACATIONS

Le 12 Février. — Dessins de M. Lazerges.

Le 13 Février. — Suite des dessins et croquis ; à **4 heures**, le buste et les terres cuites de M. Huguenin.

Nota. Écrire franco pour les commissions d'achats, au directeur de l'Union des Arts, 43, rue St-Georges.

DÉSIGNATION

DES

DESSINS & CROQUIS

EXÉCUTÉS PAR M. LAZERGES

DESSINS

1 — Descente de croix, sur toile.

(Carton du tableau qui est au Musée du Luxembourg).

2 — L'Empereur distribuant des secours aux inondés de Lyon.

(Esquisse rehaussée du grand tableau qui a figuré à la dernière Exposition).

3 — Le Veau d'or.

4 — Le Christ conduit chez Pilate.

5 — Les Larmes.

6 — Le Christ mis au tombeau.

Composition capitale. (Grisaille.)

7 — Le Christ portant sa croix.

8 — La Vierge portant la couronne d'épines.
(Ces deux derniers dessins seront vendus avec le droit de reproduction.

9 — Suzanne.

ÉTUDES D'APRÈS NATURE

1re SÉRIE

10 — Quinze figures de femmes.
Ces figures étaient un projet de décoration pour une salle de bains.
(Cet article sera divisé).

11 — Assomption.

12 — Sainte Femme voilée.

13 — Femme couchée.

14 — Étude de portrait de femme.

15 — Évanouissement de la Vierge.

16 — Fragment de la descente de croix.
(Tiré du tableau du musée du Luxembourg.

17 — Madeleine.

18 — Joseph d'Arithmatie. (Fragment de la descente de croix).
(Musée du Luxembourg.)

19 — Étude pour le Christ. Descendu de la croix.
(Musée du Luxembourg.)

20 — Christ au tombeau.

21 — Saint Jean. (Fragment de la descente de croix)
(Musée du Luxembourg.)

22 — Un Chérubin.
23 — Tête de Christ.
24 — Christ au tombeau.
25 — Jacques Sarrazin, sculpteur.
26 — Groupe de saint Sébastien enseveli.
27 — Groupe de saint Sébastien porté au tombeau.
28 — Sainte Femme.
29 — Sainte Anne. Étude pour la chapelle Saint-Eustache.
30 — Jeune Enfant. (Fragment du tableau des funérailles de saint Sébastien.)
31 — Marie Marthe.
32 — Sainte Femme.
33 — Saint Joachim. Étude pour la chapelle Saint-Eustache.
34 — Tour de Césari. (Côtés du nord.)
35 — Grande horloge à Dinan.
36 — Effet de soleil levant sur la Loire.
37 — Sainte Eugénie.
38 — Sainte femme allant au tombeau du Christ.
39 — Tête d'Ange.
40 — Pâturage en Vendée.
41 — Entrée de ferme près Quimperlé.
42 — Méditation.
43 — Un Ange.
44 — Improvisateur.
45 — Lisière de bois en Vendée.
46 — Jeune garçon.
47 — Étude pour la chapelle Saint-Eustache.
48 — Étude d'homme.
49 — Tête de Christ au jardin des Oliviers.
50 — Jeune artiste (sous Louis XIII).
51 — L'enfant Jésus présenté au Temple.
52 — Méditation.

53 — Jeune Fille montant un escalier.
54 — Saint Jean.
55 — Tête d'ange.
56 — Philosophe.
57 — L'enfant Jésus.
58 — Étude de femme.
59 — La sainte Vierge enfant.
60 — Vénus accroupie.
61 — Autre Vénus.
62 — Jeune Fille endormie.
63 — Poète endormi.
64 — Méditation.
65 — Femme grecque.
66 — Mademoiselle Fernande, ancienne actrice de l'Odéon.
67 — Jeune Artiste.
68 — Étude de femme.
69 — Vue d'Avallon.
70 — Le soir. Étude.

ESQUISSES

71 — Sainte Femme au tombeau du Christ.
72 — Raphaël et la Fornarina.
73 — Jeune mère.
74 — La Coupe du plaisir.
75 — Le Christ apparaissant à un prisionnier.
76 — Le marchand d'oiseaux.
77 — L'aurore de l'Avenir.
78 — Le Chemin de la vie.
79 — Le Désespoir.
80 — Projet de bannière industrielle.

81 — Le Père éternel.
82 — L'immortalité.
83 — Aimez-vous les uns les autres.
84 — Le Christ conduit chez Pilate.
85 — La Musique.
86 — La Nuit. } Projets de dessus de portes à l'huile.
87 — Le Printemps.
88 — L'Automne.
89 — Saint Joseph et l'enfant Jésus.
90 — La Poésie.
91 — La Philosophie.
92 — La mort du corps et la liberté de l'âme.
93 — Ariane.
94 — Présentation au Temple.
95 — L'inspiration.
96 — La dernière Inspiration.
97 — La Vierge et l'enfant.
98 — Le Printemps.
99 — Adam et Ève.
100 — La mort du Christ.
101 — Le Baiser de Judas.
102 — Incendie.
103 — Adam et Ève retrouvant le corps d'Abel.
104 — Jésus au jardin des Olives.
105 — Caïn maudit.
106 — Sujet tiré de l'Imitation de Jésus-Christ.
107 — Germain Pilon.
108 — Benvenuto Cellini et François Ier à Fontainebleau.
109 — Union de la France et de l'Angleterre. (Projet de plafond.)
110 — Le retour du Printemps.
111 — Un Ange.
112 — Descente de croix.

113 — L'empereur aux inondations de Lyon.
114 — La Famille bienheureuse.
115 — Ève cueillant la pomme.
116 — Le Christ rédempteur.
117 — Marthe. (Étude)
118 — Le Christ au calice.
119 — Vierge à la couronne d'épines.
120 — Le Christ apparaissant à la Madeleine sous le costume d'un jardinier.
121 — Repos en Égypte.
122 — La Poésie descendant du ciel.
123 — La Consolation.
124 — Sommeil de l'Enfant Jésus.
125 — La Poésie légère.
126 — Une âme enlevée par un ange.
127 — Pieta (Esquisse du tableau qui appartient au ministre d'Etat).
128 — La Renommée.

37 ÉTUDES D'APRÈS NATURE

2me SÉRIE

Ces études principalement destinées à MM. les Professeurs seront vendues feuille par feuille.

32 LOTS DE CROQUIS

COMPOSÉS, ET D'APRÈS NATURE

Seront vendus par 2, 3, 4 et 5 pièces.

ŒUVRES

EXÉCUTÉES

PAR V. HUGUENIN

1 — **Mater Dolorosa.** — Beau buste en marbre.

TERRES CUITES

2 — Le génie de la Céramique. Groupe en terre cuite.

3 — Coquetterie. Statuette.

4 — Hébé.

6 — Tête de Christ.

7 — Deux Saisons.

8 — Satan foudroyé.

9 — Mélancolie.

10 — Naïade.

11 — Bernard Palissy.

11 — Pascal Paoli.

12 — Saint Aldrick.

ESQUISSES MICROSCOPIQUES

13 — Apollon.

14 — Suzanne.

15 — Ariane.

16 — Deux Torchères.

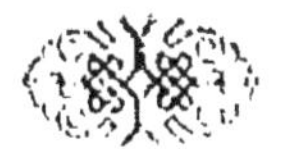

Renou et Maulde, Imprimeurs de la Compagnie des Commissaires-Priseurs
rue de Rivoli, 144. 6906

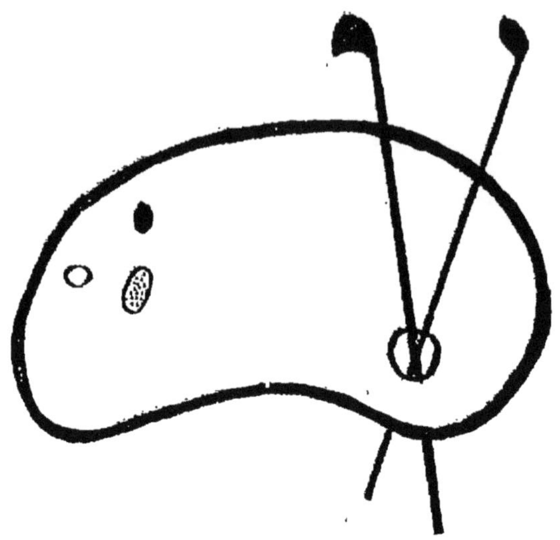

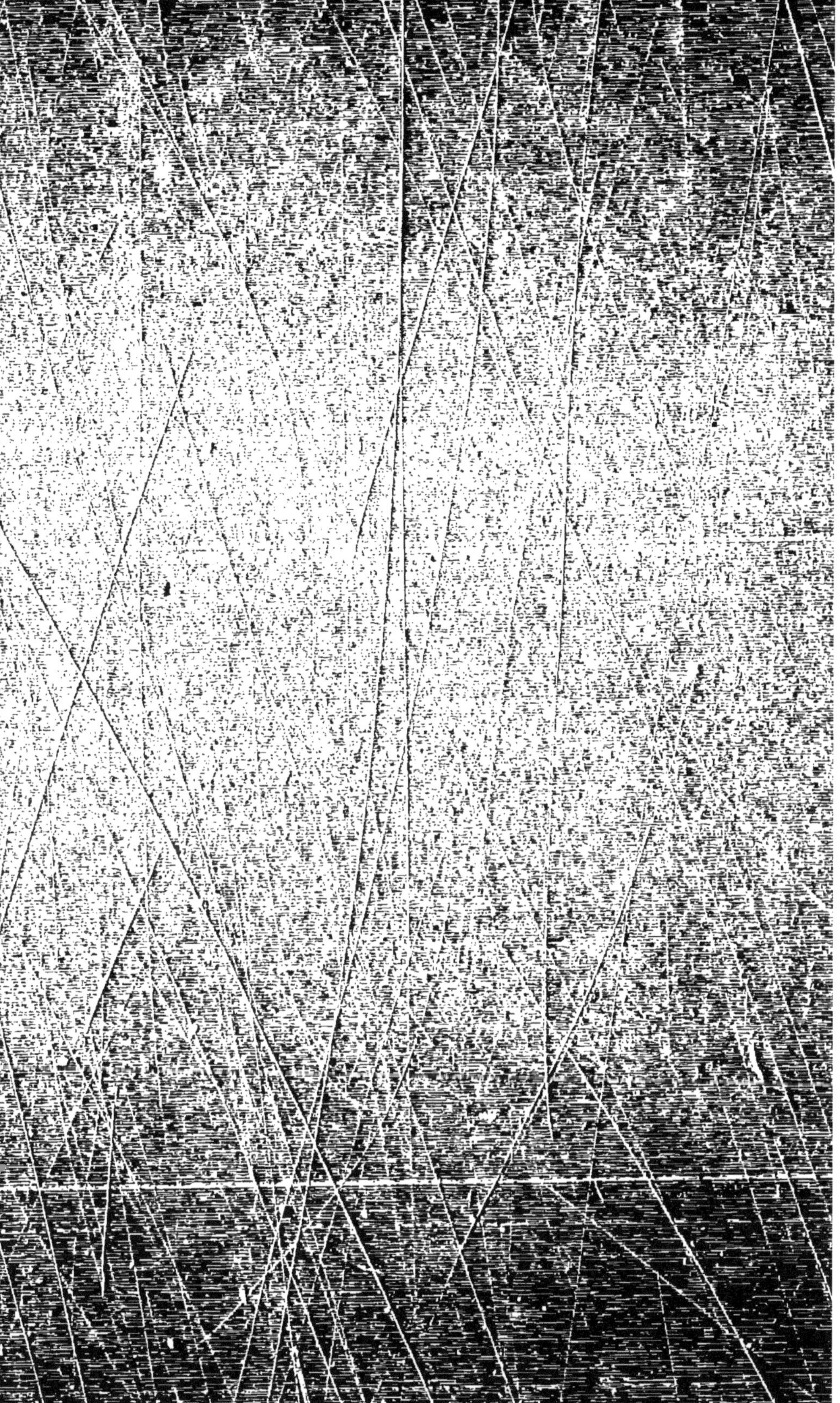

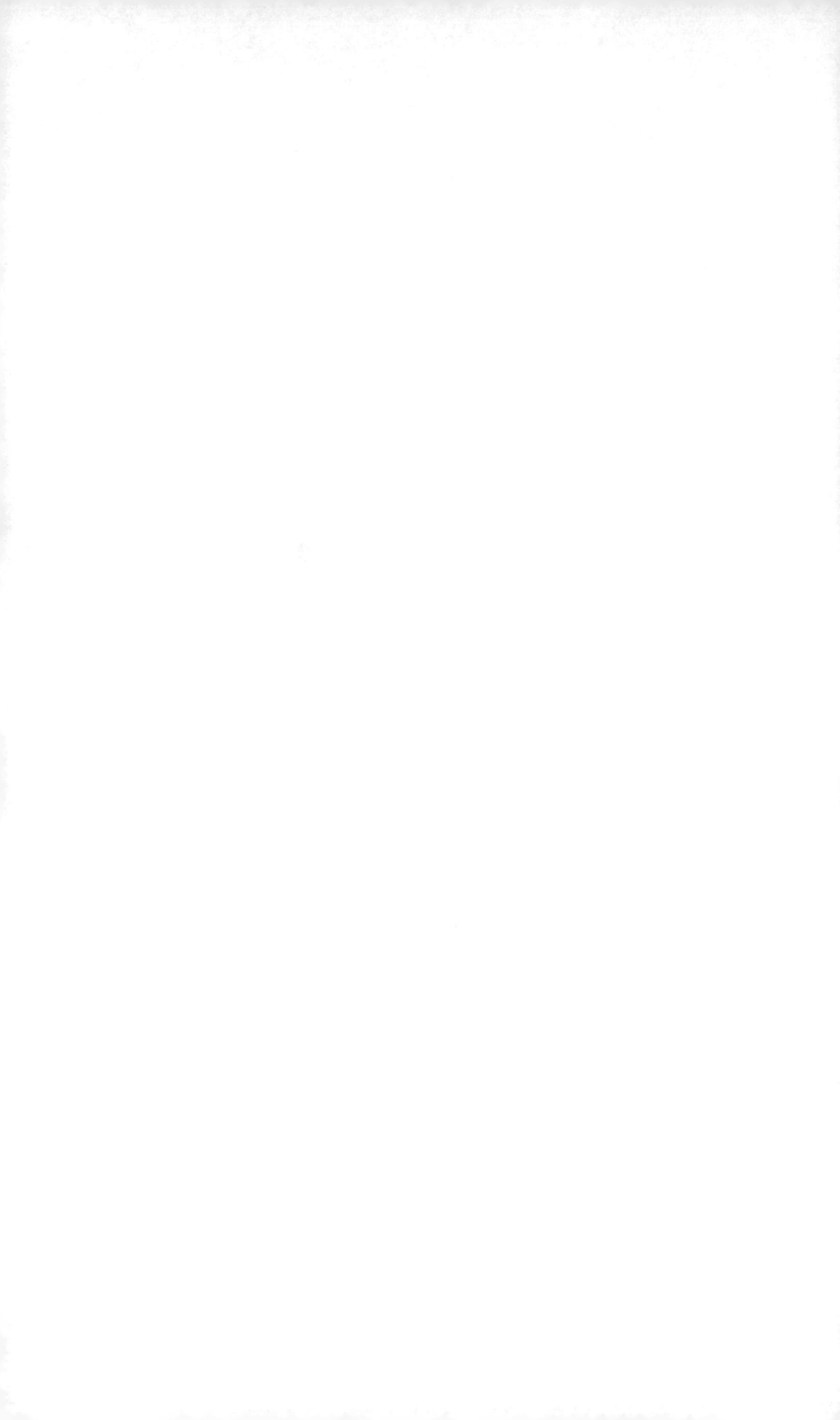

www.ingramcontent.com/pod-product-compliance
Ingram Content Group UK Ltd.
Pitfield, Milton Keynes, MK11 3LW, UK
UKHW012313240726
13966UKWH00005B/1844